暮らしの中に仏教を見つける

法藏館

暮らしの中に仏教を見つける ＊ 目次

三　不安は、実は宗教心だった――61

暮らしの中に仏教を見つける

一　今、「幸せ」を考える

井の中の蛙、井も蛙も知らず

私は、大谷大学で仏教学を学んでいます。仏教学と言われても、想像がつかないかもしれません。漢訳仏典という漢字で書かれたお経がありますが、それを研究しています。例えば、法事のときにご住職が誦む「浄土三部経」は、上下二巻です。省略せずに誦むと、午前中いっぱいくらいの時間がかかると思います。私が今研究している『華厳経』という経典は六十巻ですから、その三十倍くらいあります。漢字だけで書かれたそれを読み、何が書いてあり、親鸞聖人がどのようなところに注目されてご自身の著書『顕浄土真実教行証文類』（『教行信証』）に引用しておられるのか、それがどういう意味を持つのかを研究するのが私の仕事です。普段はそういうことを学生と一緒に学んでいます。

私には娘が三人いますが、父親が一体何をしているのかよくわからないらしく、「お父さんの仕事は、世の中の役に立っているの」と時々聞かれます。正直言って、世の中をもっと便利にするとか、快適にするといった面では、あまり役に立たないと思います。しかし、仏教がどれだけ人の役に立っているかよりも、自分がそれに支えられているということを、日々感じながら生きています。私自身はこの仕事が本当に面白くて、原典をこつこつ読み、親鸞聖人がどこに注目されたのかが少しわかってくると、うれしくてたまりません。研究している本人は面白いのですが、まわりの人間には何をしているのかわからないようで、娘などは「うちのお父さんはどうも、社会に貢献していないようだ」と思っているようです。

私たちは現代に生きており、私は今年六十歳になりますが、私より高齢の方も、私より若い方も、それぞれ「今」というこの時代の中に生きています。そんな「今」は、どういう時代なのでしょうか。

「井の中の蛙、大海を知らず」という言葉があります。生まれたときからずっと井戸の中にいる蛙は、自分が住んでいる場所だから井戸のことをよく知っていると思っていますが、本当は、井戸を出たことがなければ井戸がどんなところかわかりようがありません。そもそも、自分が井戸の中にいることすらわかりません。自分がそこにいること自体はわかりますが、客観的にはわからないのです。私たちが今生きている現代を考えるのも、同じことです。現代は複雑でとらえにくく、渦中に生きている私たちが現代を考えようと思っても手がかりがありません。その中で私たちは苦しみ、悩みながら生きているわけですが、それがどういう状態なのかも、客観的にはわかりません。

仏教とは仏陀の教えということですが、「仏陀」のもともとの意味は、「目覚めた人」です。お釈迦さまが目覚めて、仏陀になられたのです。例えば、寝ている人は、自分が寝ているとはわかりません。目覚めてはじめて、今まで寝ていたということがわかります。蛙も、井戸から外へ出たら、自分はそこにいたのだということがわかります。それと同じように、今の時代と、その中で私たちがどうなっているのかを、仏陀の教えから客観的に考えてみたいと思います。

今はどういう時代なのかを考える資料として、ある新聞記事を用意しました。定本（さだもと）ゆきこさんという方が書かれた、「現代の子育て事情と児童虐待」という記事です。定本さんは、京都の少年鑑別所に収容される人たちの心のケアを、カウンセラーとしてされています。この方は、問題行動を起こす子どもたちを現場でカウンセリングしながら、どうして子どもたちがそうなっていくのか、今の世の中を子どもの犯罪の面から見ておられます。ですので、この記事を手がかりに、今と仏教との繋（つな）がり、仏教は社会においてどういう意味があるか、どう機能しているかも、考えたいと思います。

便利な現代社会

毎朝、新聞を読んでいると、児童虐待などがニュースにならない日がないくらいです。一体なぜなのでしょうか。定本ゆきこさんの記事にはこうあります。

昔に比べるとはるかに生活は楽になったが、子育てはむしろ難しくなっている気がする。科学技術の進歩はいろいろなことを可能にした。東京まで日帰りで往復することができるし、季節ごとの暑さ、寒さまでもエアコンによって克服することができた。生まれた時からこの便利な生活に慣れ育ち、大体のものは自分の思い通りにできると思わされてきたのが、私たち戦後に生まれた日本人である。

（定本ゆきこ「現代の子育て事情と児童虐待」、毎日新聞京都地方版、二〇一二年一月三一日朝刊）

私が子どものころと比べても、ずいぶん生活の仕方が変わりました。例えば交通手段では、新幹線が速くなりました。近いうちに、リニアモーターカーまで造られるそうです。飛行機もどんどん速くなっています。先日、仏教遺跡の研修で韓国に行ってきましたが、釜山（ぷさん）から飛行機で大阪まで一時間でした。関西空港まで行くのに一時間半、関西空港から釜山まで一時間。国内を移動するよりずっと早いです。

エアコンによって、暑さ寒さまでも自由にできます。四十年くらい前、私が学生のころは、大学にエアコンなんてありませんでした。あったのはクーラーだけです。大きな音がするクーラーが一台だけ図書館にあり、よく図書館に行ってガーッと音がするクーラーの前で涼んでいました。今は、教室にも全部エアコンがついています。クーラーはただ冷やすだけのものでしたが、エアコンは室温何度と温度が設定でき、冷やすことも暖めることも、除湿もできます。ただ、私から見ればずいぶん便利になって快適になっているのですが、今の学生たちはちっとも快適とは思っていないようです。大きな教室をエアコンで冷やすと、寒すぎたり、暖かすぎたりすることがあります。授業がないときは電源を切っているので、授業が始まってエアコンを稼動させてもなかなか冷えません。ある学生に、「先生、こんなエアコンはだめですよ。授業料を払っているんだから、もっといいのをつけてください」と言われました。授業が始まって冷房が効いてくると、今度は寒くなりすぎます。今の女子学生は薄着ですので、冷えすぎて寒いようです。「寒くないのか」と聞くと、「寒い」と言います。「着ないとだめだぞ」と言いながら温度設定を二十七度くらいに上げると、今度は男子学生に「暑い」と言われます。私はどうしたらいいのでしょう。それはともかくとして、便利になって、温度も自由に調整ができるようになりました。

いろいろなものが、どんどん便利になっています。衣食住のすべてが変わりました。衣類も、食べるものもそうです。電子レンジに入れて「チンッ」とすると、ご飯ができる時代になりました。将来、台所のない家が出てくるのではないかとも言われています。冷蔵庫と電子レンジだけがあり、ガスもない時代が来るのではないかと、まじめに研究しているところもあるそうです。そんなふうに、時代は変わってきているわけです。

便利な生活に慣れ育ち、何でも自分の思い通りにできると思っているのが、今の私たちの生き方です。不便だから便利にする、これが私たちの行動です。苦の種を減らしていくと楽になる、幸せに近づいていく。便利にすれば幸せになる、というのが現代の私たちの行動の原理です。もっと便利に、もっと快適にという動きや活動は活発化し続け、もう戻りません。これが今の世の中の動きなのです。

便利の陰にある、大きな落とし穴

定本ゆきこさんは、記事の中で次のように文章を続けておられます。

そこにあって唯一思い通りに行かないのが人間、中でも赤ちゃんである。

赤ちゃんは泣き始めるとどうしたって泣き止まないことがある。いくら片付けても平気でまた散らかすのが赤ちゃんである。突然の高熱に驚かされ、中耳炎、ぜんそく発作と、こちらの都合などお構いなしの病院通いに振り回される。

「こんなんって知らなかった！　知ってたら産まなかった！」と私の前で泣いたのは、夫の転勤に伴って東京から引っ越してきた若いお母さんであった。親族も友人もいない土地での初めての子育て、慣れてしまえば小さなことでも一人で悩み、抱え込んでは不安が募り、眠れなくなりうつになった。

子育ては本を読んでも分からない、経験がものを言う技術であり知識である。少子化と核家族化が進み、身近で赤ちゃんを見ることがなくなった現代、初めてみる赤ちゃんが自分の赤ちゃんというケースがほとんどである。ちょっとしたことでも相談できる経験者がそばにいてくれるだけで、若い新米お母さんはどんなにか安心し、気持ちを軽くすることができるだろう。お母さんが安心して子育てできていること、それこそが子どもを健やかに育てる一番の鍵だ。

昨今児童虐待が増えているというが、最大の要因は孤立と不安である。一人ぼっちで、思い通りにいかない子育てに不安を募らせ、余裕をなくし疲れ果ててしまうと、人は危険な状態に追いやられてしまう。虐待してしまう母親は、実は、誰よりも助けを求めている人なのかもしれない。

何より温かいまなざしを向けながら、時々相談に乗ったり手を貸してあげることが、地域や近隣で求められる子育て支援である。母親は、経験を積みながら、少しずつ母親になっていくものだ。あの若いお母さんも、今では2人の小学生の母となり、ちょっとたくましくなった顔を一年に一度くらい見せに来てくれる。

（定本ゆきこ「現代の子育て事情と児童虐待」、毎日新聞京都地方版、二〇一二年一月三一日朝刊）

定本さんの記事の中で、注目してもらいたい言葉があります。先に引用した文中の、「生活は楽になった」と「大体のものは自分の思い通りにできる」です。生活が楽になり、物事が自分の思い通りになると思っていても、楽に、幸せになれるのかと言うと、どうもそうではないようです。現実には、子育て一つについても、「子育ては本を読んでも分からない」です。その通りで、育児についての本が増えて便利になっても、本で育児の問題がすべて解決するわけではありません。私も三人の娘に恵まれましたが、三人三様でみな違います。お姉ちゃん、真ん中の子、下の子と、まったく思い通りにならず、ずいぶん失敗をしてその経験の中から「みんな違うのだな」とわかりました。

私が大学の教員になりましたので、大学の近くにアパートを借りて、妻と子どもたちと暮らしていました。最初の娘が生まれたとき、母乳で育てようとしましたが、娘が母乳をしっかり飲んでいるのかどうかもわかりません。それで授乳する前に、デジタル秤（はかり）で体重を量ると、二九三五グラムと出ました。授乳してもう一度量ると、二九三六グラム。一グラムしか増えていません。「もっとお乳を出さんとあかんぞ」と大騒ぎです。

娘は何か抑圧されていたのか、喘息（ぜんそく）やアトピーの症状も出てきて、夫婦で七転八倒していました。

二人目が生まれた後のあるとき、家に帰ると、下の娘に妻が乗っかった状態でいました。妻は、まず妹に布団をかけて、お姉ちゃんが寝ついた後に妹も寝かせようとしていたそうです。「何をやってるんだ！」と慌てて妹を布団から出し、抱いて妻とともに外に出ました。妹は何ともなく、妻もすぐ気持ちがおさまったようで、ほっとしました。追い込まれると、よいと思っても、とんでもないことになってしまうこともあります。

ひと昔の前の大家族であればそんなことはないのでしょうが、一人で悩んで抱えこんでいると、不安になります。これは私自身の経験でもあります。三人目が生まれると、妻は私に「パニックだ」「もう無理、無理っ」と言うようになり、それでようやく妻の不安がわかるようになりました。「子どもを育てる」のではなく「子どもが育つ」のだと三人目に教えられて、ようやく夫婦で「どうぞ育ってください、お願いします。邪魔はしませんから」という気持ちになれたのです。そうすると、上のお姉ちゃんの喘息が治り、アトピーも治るということがありました。

今の世の中は便利になり、たしかに楽になったことも多くあります。けれども、便利で豊かな現代社会では、核家族さえ壊れつつあり、人間関係も希薄になってきています。一人ひとりが社会に曝（さら）されるようになり、孤独も以前より深まっています。情報化も進み、パソコン、メール、スマートフォンなどから情報がどんどん入ってきますが、それらは間接的な情報です。本当の経験というものではなく、知識という情報にすぎません。

いろいろなことが不便だった時代は、経験が先にあり知識は後からやってきましたが、今は先に知識があって経験は後からやってきます。現代は、知識が先にきて経験を後から補う、逆転した時代になってきています。

「便利で都合がいい。思い通りにできる、思い通りにしたい。苦の種を減らしていけば、楽になって幸せに近づいていくだろう」というのが私たちの普段の考え方ですが、実はそこには大きな落とし穴があるのです。便利になることは悪いことではないのですが、今一度、考え直さないといけない何かがそこにあるのではないでしょうか。

「大体のものを自分の思い通りにできるようにしたい。苦の種を減らして、楽の種をもっともっと増やしたい」という私たちの心が、今のこの世の中を動かしています。そして、「もっと便利に、もっと都合よく」という私たちの現代社会の動き、流れを支えているのは、私たち一人ひとりの心です。「もっと便利に、もっと都合よく」という心の現れが、今という世の中をつくっているのです。定本さんの記事は、そういう今の世の中と私たちの心への、「都合のよい世の中になればなるほど、幸せに近づくのか。そうではなく、都合のよい世の中になればなるほど、ちょっとしたことが不都合になる。それまでは何でもなかったことが、大きなものに見えてくる。そういう時代になっていくのではないか」という指摘です。

思い込みに気づくきっかけ

いろいろなものが思い通りになったときに、最後に唯一思い通りにいかないのが人間そのものではないか。思い通りになるものが少なく、全体的に不都合というか、苦の時代であれば、エアコンもなく大きな音がするクーラーでもありがたかったが、それが、全体的に快適になってくると、今度は逆にちょっとしたことが不快になるようになる。それが今の時代で、赤ちゃんの泣き声にも過剰に反応するような私たちの心の状態が始まっているのではないか。そういうことを、定本さんは仏教の言葉を一言も使わずに書いておられますが、私から見ると、この考え方は仏教そのものだと思います。

定本さんの考えは、どういうふうに仏教と繋がっているのでしょうか。私たちが仏教を学ぶときに読むのは、二千数百年ほど昔の人が伝えたお経です。お釈迦さまは、現代人のようにパソコンを持ってはおられませんでした。手紙を書いたりされることもありませんでした。ですから、お経というのは、お釈迦さまのお弟子さんが、お釈迦さまから聞いた言葉を後に残されたものなのです。それを通して、私たちはお釈迦さまの教えに触れることができます。

一番古いお経は、『スッタニパータ』と言います。「スッタ」はお経、「ニパータ」は集まったものという意味です。大谷大学の同窓会が設立したNPO法人の活動で、「仏教入門講座」として五年くらいかけてこつこつと読んだことがあります。一般の方々とじっくり読んだおかげで、若いころは読み飛ばしていたことにも気がつきました。『スッタニパータ』は、その名の通り、短いいくつものお経を集めたものです。全部で千くらいありますが、その八六七番目のお経に、

世の中で〈快〉〈不快〉と称するものに依って、欲望が起る。

（中村元訳『ブッダのことば スッタニパータ』岩波文庫）

とあります。「快・不快」は、都合がよい・悪い、思い通りである・思い通りにならない、ということです。現代社会で言えば、先ほどの定本さんの記事にあったように、都合の悪いものを排除してどんどん楽にし、快をどんどん広げようとするのが私たちの求めているもの、つまり欲望であり、そうすることが幸せに近づくことだと考えて、もっと便利にもっと快適にと努力する、私たちの日ごろの姿にあたると思います。

手に入れて　そのまた先が　ほしくなる

願いごと　叶えば次の　願い事

という川柳を新聞の川柳コーナーで見たことがあります。快なるものが手に入れば、いったんは幸せになりますが、もっと先があるのです。もっと、もっと、と欲は尽きません。それをお釈迦さまの言葉で言うと、「世の中で〈快〉〈不快〉と称するものに依って、欲望が起る」となるわけです。お釈迦さまの時代から現代まで、人間の行動はちっとも変わっていないようです。お釈迦さまはそんな私たちの心のありようを見抜いて、こんな言葉を残しておられるのです。

私たちの現代社会は、ある程度、相当程度まで思い通りになるようになってきました。けれども、それは本当に理想的な生き方で、そうすることで幸せになっているのか。お釈迦さまの言葉を通して、私たちの行動や生き方を振り返ってみると、日ごろこうだろうと思い込んでいるものとはまったく別のものが見えてくるのです。

腹が立つのは誰のせいか

また、私たちのさまざまな行動は、心の働きが原因となっているのですが、その一番深い働きを、お釈迦さまは「貪(とん)・瞋(じん)・癡(ち)」と教えています。人間のもっとも深い煩悩(ぼんのう)のことで「三毒(さんどく)」と言われています。

1、貪瞋癡――貪――

「貪」は、わけもなく貪(むさぼ)ることです。例えば、節分に「鬼は外、福は内」と言うように、不快なものを排除して、快適なものはもっともっとこの手に、と追求する心の働きです。そしてその働きは、

貪愛瞋憎之雲霧　常覆真実信心天
(貪愛(とんない)・瞋憎(しんぞう)の雲霧(うんむ)、常に真実信心(しんじん)の天に覆(おお)えり)

(『正信偈』、『真宗聖典』〈東本願寺出版〉二〇四頁)

という言葉があるように、常に私たちの心を覆ってなくならないのです。

2、貪瞋癡――瞋――

「瞋」は、思い通りにならないと腹を立てることです。思い通りにできないことに出会うと、私たちは腹が立ちます。人によっては手が出たり、大きな声を出したりします。私も妻から、「あなたがそんな大きな声を出したら、私はどこにいけばいいの」と、ずいぶん叱(しか)られました。私は力が強いので、「手を出すのは絶対にいけない」と、自分に言い聞かせています。言い換えれば、言い聞かせないといけないほど、腹が立つと我を忘れて手が出るという本性を私自身が持っているということです。

思い通りにならないことに腹が立つと言いましたが、それもいい加減なものです。例えば、朝大学に行こうとしてネクタイを選んでいるときに、小さい娘がそばに寄ってくると、煩(わずら)わしく思って邪険に扱います。ところが、仕事から帰ってきて、お風呂に入ってビールを一杯飲んでいるところに娘が近寄ってくると、かわいいなと相手をします。娘にとってはどちらも「お父ちゃん」とただ慕っているだけなのに、カッとなったりかわいいと笑いかけたり、まったく違う反応をされ、娘からすると別人のように映るでしょう。

思い通りにしたい。そうならないと腹が立つ。思い通りになればうれしい。結局、相手の行為が問題なのではなく、すべて自分の都合によるものです。この自分の中にある勝手さをわかっていないと、人間関係はややこしくなります。

お互いに、都合のいいところだけを求めるから大変なのです。当然、自分にとって都合の悪いところもあります。思い通りにならず、腹を立ててばかりになります。ですから、私は自分に、「それは私の問題で相手の問題ではない」と言い聞かせるようにしてきました。自分に言い聞かせないといけないほど、私は思い通りにしたいという気持ちが強いのです。

3、貪瞋癡——癡——

「癡」は、真実を知らないことで、無知のことです。私たちは、もっともっと便利に、と求めていきますが、その先に何が待っているのか、わかっているのでしょうか。ただただ、思い通りにならない「不快」を排除して、思い通りになる「快」を求めたいだけでしょう。無意識に、そうすることをよいことだと思ってそうしていますが、それをもっともっと求めていくとどうなるのでしょうか。「快」の先には、何があるのでしょうか。

もし、私たちのしていることを全部機械がするようになると、一体どうなるのか。機械のボタンを押すことくらいしか残っていません。想像してみてください。家には、二十四時間、ただ機械のボタンを押すだけの家族がいます。機械が何でもしてくれるのは楽かもしれませんが、そういう生活は本当に幸せなのでしょうか。そして、思い通りにしたい気持ちがもっともっと進むと、人間はそれぞれ違う感情を持っていますから、家族と顔を合わせて「お前、何でそんな顔（表情）をしているんだ」と、そんなことまで腹立ちの原因になる時代になっていくでしょう。一緒に何かをすることが大事なのであって、することがなくなって顔をつきあわせているだけでは辛（つら）くなるばかりです。赤ちゃんの泣き声にも腹が立つような現代ですから、将来はそういう時代になりつつあるようで、恐ろしい感じがします。

もっと便利にもっと快適に、と工夫していくのが科学や文明の力ですから、世の中は決して不便な時代に後戻りすることはありません。よかれと思ってこのまま進んでいくと、そんな時代になっていくでしょう。快適なものを求め続けていく先が、快適になるとは限りません。逆にちょっとしたことが不快になる時代がやってくるに違いありません。私たちはそれを知らず、そんな自分たちの姿に気づくこともなく、ただただ求め続けているのです。

本当にほしいものとは

そんな私たちのありように気づき、これからもっと便利になっていくであろう世の中に対処していかなければならないと思います。けれども、正しいと思い込んでいることを疑うのは難しいように、自分で自分を見つめ直すことはできません。そして、私たちの行動の原理となっている「もっともっと」などの気持ちが、なぜ私たちに起こるかなどということも、私たち自身にはわかりません。それを教えてくれるのが、お釈迦さまの言葉です。

思い通りにしたいと一言で言っても、人間の思いは毎日変わります。「快」「不快」が何であるのかも、変わります。けれども、私たちがわけもなく次々と求める心だけは、変わりません。それは一体なぜなのか。その心は一体何なのか。お釈迦さまや親鸞聖人の教えに問うてみますと、それは、「本当にほしいものがよくわからない」からだと言われています。

次から次に求めても、止まらない。どんなによい車を手に入れても、どんなに快適な家を手に入れても、決して終わらない。私自身にとっても、面倒くさい自分の欲望ですが、止めることはできず、何を手に入れても、満ち足りずに次を求めてしまいます。それは、本当に求めているものが何かわからず、代わりに自分の頭で考えたよいと思うものをただ求めているからなのです。

自分が何を求めているのかを考えても、自分の考えだけでは「もっと快適に」としかならず、それは終わりが見えません。もう嫌になってどこかに行きたくなるような、自分の始末に負えない心ですが、それは仏教から見ると、まったく次元の違うものを探し求めている心だと教えられているのです。車や家などではおさまらない、自分で考えてもわからない、もっと深くて大きい何かを求めている心が、現実には何を持ってきても埋まらない不足感となって動いているのです。それは私たち自身が、ものごころがついた以降の「自分」という考えよりも、はるかに大きな根拠によって成り立っていることの証なのです。

その根拠を求める心を、お釈迦さまは「生きる道を求める心（求道心）」だと言われました。また親鸞聖人は、「世間を超え出ていきたい心」、すなわち浄土を求める心であり、それを「願生心」だとおっしゃるのです。

自分を見つめ直すために欠かせないもの

もっと快適に、もっと便利に、と工夫するのは人間の知恵です。ところが、どんなに便利になっても快適になっても、私たちはそれだけでは落ち着けません。便利になればなるほど、ちょっとしたことに腹が立つようになります。そんな人間の姿を教えてくださるのが、お釈迦さまの言葉です。そしてさらに、私たちがもっともっとと求めて止まず落ち着かないのは、本当は全然違うものを求めているからだとも、お釈迦さまは教えてくださいます。

「もっともっと」と求める心は日常生活の中で起こりますが、どうしてもその心が世間の中で落ち着かないということは、世間とはまったく違う、仏教語で「出世間」と言うものを心が求めているからなのです。こんなことは、自分で考えてもわかりません。仏さまに教えてもらわないとわかりません。今、私たちはこの社会の中をどう生きているのか。普段の生活の中で動いている私たちの心は、一体どういうものであるのか。その本当の意味を私たちに教え気づかせてくれるものを、仏の智慧と言います。

お釈迦さまの教え、親鸞聖人の教えを通して、私たちの心と行動を確かめる鏡のようなものが必要です。鏡がなければ私たちは自分の外見さえも自分で見ることはできません。このあまりにも単純な事実に気づくこと、これがとても大事なことなのだと、改めて思います。

二　生活の中で仏教に出会う

何が何と出会うのか

親鸞聖人の教えは、「ただ念仏」ということです。ただ「南無阿弥陀仏」と申すものとなれという非常に簡素なものです。ただ、それが私たちにはまったくうなずけません。そして、「ただ念仏」というたったそれだけのことを表すために親鸞聖人がどうされたかというと、『教行信証』という、とんでもなく長く難しい書物を書かれたのです。おそらく私が知っている限りで、世界で一番難しい書物の一つではないかと思います。

江戸時代に、仏教のことをたくさん勉強していた、ある学者がいました。その人は『教行信証』を読んだそうですが、何が書いてあるのか、なぜ話がこんな順序になっているのか、なぜこんな流れになっているのか、さっぱりわからなかったそうです。それでその人は、「こんな書物を書いた人は頭がおかしい」と言ったそうです。

「ただ念仏」だけを表しているはずの『教行信証』が、なぜそんなに難しいと言われるのか。その「ただ念仏」ということを言うために、親鸞聖人はなぜこんな複雑なものをお書きになったか、その心をしっかり学んでいかないといけません。

私は、大谷大学に入学して仏教を学ぶようになり、親鸞聖人の「ただ念仏」という教えが、お釈迦さまの教えからどんなふうに展開しているのか、どのようにして「ただ念仏」というところに辿り着いたのか、どうやってその考えを深めていったのか、そういうことを知りたいと思うようになりました。

はじめからそういうつもりで大学に入ったわけではありません。私は寺に生まれましたが、そのころは僧侶という仕事に反発があり、もういっそ寺から離れて生きていこうと思っていました。けれども、そんな私に、「お前、ちょっと勉強した方がいいぞ。大谷大学というところがあるから、行って勉強してきなさい」と言ってくれた人がいました。それで、相手のことを知りもしないで嫌がっているのも無責任だと思って、「ちょっと覗いてやろう」くらいの気持ちで大谷大学に入りました。

若いときだから仕方がなかったというか、今から思えば本当に申しわけない、不遜な気持ちでした。ところが、大学で出会った先生や友だち、出会った教えにそんな不遜な頭をぶん殴られたのです。そして、「一体なぜ、お釈迦さまは出家したのだろう。一体お釈迦さまの教えの何が、親鸞聖人の念仏になったのだろうか。そこにはどういう流れや歴史、秘密があるのだろうか」と、そういうことを知りたいと思うようになったのです。そこから私は、仏教学というものを本気で学ぶようになりました。

学び始めてみると、親鸞聖人は「ただ念仏」ということを『教行信証』の中で「教」「行」「信」「証」「真仏土」「方便化身土」の六つの巻に分けて書いておられますが、そう書かなければいけない理由があるのだと、少しずつわかってきました。

お念仏とは、たくさん念仏を称えたならば、阿弥陀さまからたくさん徳をいただいて、私が立派なものになって救われる、というようなものではありません。親鸞聖人の「ただ念仏」とは、そういうものではなく、私たちが阿弥陀というほとけさまと出会うことの表れです。阿弥陀さまと出会うところに、親鸞聖人の言う「南無阿弥陀仏」という念仏が成り立つのです。「教」「行」「信」「証」という構成がそれを表しているのですが、まずは「出会い」について考えてみたいと思います。

出会うとは、例えば人と人が出会うにしても、向こうから人がやって来て、こちらからも人が行って、二人がぶつかることです。ですから、向こうからやって来なければ出会えませんし、こちらからも行かなければ出会えません。向こうからやって来るものと、こちらから求めて行くものが出会う、これが出会いです。

今の若い学生たちも、出会いを求めてはいますが、こちらから行こうとしません。例えば、「あなたが好きです」と相手から来るのを待っているのです。私は、「待っとってもだめだぞ。自分の方から「好きです」と言わないと、「好きだ」と言ってくれないぞ」と言うのですが、ただじっと待って、好きだと言ってくれる人が来るのを待っている。そういう人が増えてきました。テレビやコンピューターなど、自分から求めなくても向こうからやって来る機械がたくさん発達しましたから、待っていれば何でも向こうからやって来ると考えるようになったのかもしれません。

しかし、親鸞聖人のお念仏は、こちらがじっとしていて、棚からぼた餅みたいにある日突然、ぽんっともらえるような、そういうものではありません。また、念仏を称えるから、阿弥陀さまに出会えるということでもありません。阿弥陀さまの念仏と私たちの念仏、これが出会うところで成り立つものが、親鸞聖人の言う「南無阿弥陀仏」です。「ただ念仏」とは、そういう教えなのです。

「仏教を学ぶ」と「仏教に学ぶ」の違い

私は、お釈迦さまの教えに学んでいます。「仏教を学ぶ」ではなく、「仏教に学ぶ」です。

「仏教に学ぶ」。これは変な日本語ですね。一般的には、こんな言い方はせず、「仏教を学ぶ」と言うのでしょう。けれども、私が大谷大学に入って一番はじめに先生方から強く言われたのは、「大谷大学の学問は、「仏教に学ぶ」です」ということでした。「あなた方は仏教を学ぶつもりで大学に入ったかもしれないが、そうじゃないんだ。大谷大学の学び方は、仏教を学ぶんじゃない。仏教に学ぶんだ」と。私は、なぜこんなことをこの先生方は言うのだろうと、不思議に思いました。「なんだろう、わけのわからない変なことを言う先生だなあ」と不思議でしょうがなくて、夏休みくらいまで何だか落ち着かなくて、そわそわしていました。わけがわからないと決めつけてはいけないけれども、私にはさっぱりわからなくて、「こんな日本語があるのだろうか」と思っていたのです。

一般的に言う「仏教を学ぶ」というのは、自分が仏教の勉強をして物知りになっていくことです。「仏教を学ぶ」は、字面の通り、学ぶことの目的が仏教であるということです。では、「仏教に学ぶ」は、仏教に何を学ぶのでしょうか。

私たちは、日常生活の中で鏡を見ます。朝起きて、歯を磨くときに鏡を見て、服を着るときにも見て、出かける前にもう一回くらい見ます。もっと見る人もいるでしょう。

一日に一度も鏡を見ない人は、そうはいないでしょう。私たちは何度も鏡を見ますが、この鏡は丸いなとか、この鏡は四角いなとか、そういうことを見ているのでしょうか。「鏡を見る」と言いますが、見ているのは鏡そのものではなくて、そこに映った自分の顔です。私たちが毎日しているのは「鏡に映る自分の顔を見ている」のです。知りたいのは自分であって、鏡は映れば何でもいいのです。ですから、正しい意味では、「鏡に自分を見る」です。

私たちにとって大事なのは、自分の顔や服、髪の毛だとか化粧とか、そういう自分のことです。けれども私たちは、鏡を見ると思って、まるで鏡そのものを見ることが目的であるかのように勘違いしています。今はだいぶ悪いのですが、若いころは私も視力がよくて、遠くの山まで見えました。だからと言って、自分の顔もよく見えたかというと、そんなことはありません。目は外に向かってついているのですから、どんなに目を凝らしても、自分の顔は絶対に自分では見えません。そのため、自分のことを正しく知るために、鏡のようなものがいるわけです。「鏡を見る」という言葉に騙されてはいけません。「鏡を見る」と言っても、目的は鏡ではなく、鏡に映る「自分」を知ることです。「仏教に学ぶ」も、これと同じことです。ただ、顔や服は鏡に映りますが、私たちのものの見方や考え方などは普通の鏡には映りません。ですから、見えない自分を、仏教に教えてもらうのです。

私はそのことが納得できるまでに、ずいぶん時間がかかりました。ずっと自分中心の考え方でいて、「仏教を学ぶ必然性は、一体どこにあるのか」と理屈をこねていたのです。すると先生に、「そんなことより、まず授業を聞いてみなさい。それで納得できなかったら、それから大学を辞めたらどうですか」と言われました。私は「あ、そうか」と思って勉強を始めましたが、勉強をすればするほど、どんどん疑問が出てくるのです。一つわかると、二つわからないことが出てくる。二つわかると、四つわからないことが出てくる。そうして、親鸞聖人にはまだ辿り着けませんが、ずっと「仏教に学ぶ」ということを続けています。

自分のことは自分が一番よく知っていると言いたいけれども、そうではありません。

自分の顔一つ、自分で見ることはできません。そんな私たちを、ずっと昔から見つめ続けている働きがあります。それをなんと言うかというと、「ほとけさま」です。

私はそれを、嘘や作り話だと思っていました。「ほとけさまなんて、一体どこにいるというのだ」と、そう思っていました。私の先生は非常に優しい人でしたから、そんな私に「お前の態度はだめだ」などと言われず、「お経に書いてあることをよく読んでごらん。これはほとけさまの言葉だ。まずこれをよく読んで、その上で、そういうことを言ってごらん」と言われました。その通りにしてみたところ、「ああ、なるほど。私のことを私よりもずっとよく知っておいでになるな」と、納得せざるを得ませんでした。

「仏教に学ぶ」とは、「私」がほとけさまに照らし出されて、私が「私」に出会い深く知っていくという営みなのだと思いました。「聞法」「教えに聞く」と言いますが、たしかに教えを耳で聞くけれども、それは自分を深く知っていくことなのだと納得したのです。

「仏教を学ぶ」と「仏教に学ぶ」は、「を」と「に」が違うだけですが、全然違います。

「仏教を学ぶ」と「鏡を見る」は同じで、仏教と鏡が目的で、そこに「自分」は関係ありません。そのため、仏教を一所懸命になって勉強しても、「自分」はちっともわからず、変わることもありません。ただ知識を得て、自分は立派な偉い人だと思うようになるかもしれません。

それと、「仏教に学ぶ」や「鏡に見る」は違います。「仏教に学ぶ」の目的は「自分」です。「自分」を知り、「自分」のおかしなところに気づけば、直すこともできるでしょう。自分の方が変わっていくのです。

私たちは、自分というものは自分が一番よく知っていると思っています。本当はそうではなく、自分の顔さえ鏡を見ないとわからないような、自分のことを一番わからないのは自分なのだと考えて、そこから始めてはどうですかと、私たちに伝えてくださったのがお釈迦さまであり、親鸞聖人であり、「仏教に学ぶ」ということなのです。

「自分」のことを一番知らない、私

自分が本当に大切ならば、自分というものを正しく知らねばなりません。自分は一体

どういうものの考え方をしているのかを、知らなければいけません。なぜなら、実はよくわかっていない自分のことを、自分が一番よく知っていると思っているような私たちです。そんな私たちはよかれと思っていろいろなことをしますが、よかれと思ってすることが案外よかれにならず、どんどん自分の首を絞めていったり、自分を追い込んでいったりしがちだからです。ほとけさまの教えをきちんと聞いて、そんな自分のありかたを教えられなければ、私たちは自分の考えをよかれと思い続けて実行していく他ありません。

今の世の中は、人間のよかれと思った考えでできていますが、本当に人が暮らしやすくなったのでしょうか。私たちは幸せになりたいと、よかれと思って努力してきたはずですが、本当にそうなったのでしょうか。「昔の方がよかったなあ」という人は、歳をとって昔のことが懐かしいというだけのことでしょうか。私はそうではないように思います。笑ったり喜びあったりしている、そういうことが今よりも昔の方がたくさんあったような気がします。生活そのものは不便で貧しかったかもしれませんが、人の気持ちはもっと優しく豊かだったような感じがします。

私が生まれたのは、愛知県の豊田市という田舎で、父親の代で新寺建立した檀家が一軒もない寺でしたから、とても貧乏でした。いろいろな人が寺にやってきては話をしたり、食べる物がなくてジャガイモを裏の畑で作っていましたので、隣のおばさんがやって来て一緒に喋りながらそのジャガイモで何か作ったりと、そういうことをずっと見て育ちました。そのころはどの家にもお風呂があるというわけではなかったので、隣の家にお風呂をもらいに行きました。今日はどこそこさんがお風呂を沸かすから、と言ってみんなで入りに行くのです。不便でしたが、わいわいとして、結構楽しかったと思います。今はそれが不便だからと言って、お風呂は各家に一個ずつ備わるようになりました。最初は薪で沸かしていましたが、やがて「カチャッ」とレバーを回してガスで沸かし、今はもうボタンです。「ピッ」とボタンを押すと機械が動いて、それでもういつでもお風呂に入れます。本当に便利になりました。その代わり、お風呂をもらいに行って隣の人と喋ったりするような楽しみはなくなりました。

よかれと思って便利にしてきたけれども、本当によくなったのだろうかと、一度立ち止まって考えてみないといけないなと思います。便利になることは悪いことではありませんが、便利になって何か大事なことを忘れてしまったとしたら、何のための便利さなのかわからないと思うのです。私たちは放っておくと、都合よく都合よくと、どんどん考えてそれを進めていきます。面倒なものをやめて、やめてやめてやめて、もっと都合よくなると、最後はボタンを押すだけになるのかもしれません。ボタンを押すだけで、何でも思い通りになる。どうでしょう。それで楽しくやっていけるのでしょうか。私はちょっと不安です。

私たちは自分というものを知っているようだけれども、本当の意味で自分の心のありようを正しく知っているかと言うと、ほとけさまに教えてもらわないとわからないのではないでしょうか。

私とほとけさま、そしてお念仏

親鸞聖人のおっしゃる「出会いとしてのお念仏」とは、一体どういうことなのでしょうか。そこで「南無阿弥陀仏」というお念仏のこころを開くために、親鸞聖人がなぜ『教行信証』で「教」「行」「信」「証」「真仏土」「方便化身土」と、ややこしい六つの柱を立てなければならなかったのかを、まず考えたいと思います。

簡単に言うと、「教」「行」は、ほとけさまのことです。「教」は、ほとけさまの教えです。具体的には、「南無阿弥陀仏」のこころを明かす『無量寿経（むりょうじゅきょう）』というお経を指しています。「行」は、「行う」という漢字ですが、私たちが修行をするという意味ではなく、親鸞聖人はほとけさまのはたらきという意味で特別に大の字をつけて「大行（だいぎょう）」と呼んでいます。そして、ほとけさまのはたらきに出会った人の心に起こるものを、「信」と言います。信じるということです。この「信」は、自分の考えで何かを信じるということではなく、ほとけさまと出会って初めて起こるこころという意味で、同じように大の字を付して「大信（だいしん）」と呼んでいます。つまり、ほとけさまのはたらきである

「教」「行」と、私たちが出会うことによって成り立つのが「信」「信心」です。これを『歎異抄』という書物の言葉で言うと、

往生をばとぐるなりと信じて念仏もうさんとおもいたつこころのおこるとき

（『真宗聖典』六二六頁）

とあるように、「おこるとき」です。私たちの中に念仏を申そうと思いたつ心が起こる。そういう心が起こるとき、ほとけさまのはたらきと私の求めが一つになる。そこにこそ真の喜びがある証を「証」と言うのです。それが本当のお浄土なのですよ、というのが親鸞聖人の教えです。

また、親鸞聖人は「南無阿弥陀仏」のこころを歌にした和讃の最初に、

真実明に帰命せよ……

平等覚に帰命せよ……
難思議を帰命せよ……

（『浄土和讃』、『真宗聖典』四七九頁）

と書いておられます。「帰命せよ、帰命せよ」と、私たちはほとけさまから呼ばれているのです。呼ばれたら「はい」と応えればいいのに、私たちはなかなか「はい」と言えません。「はい」と言わずにどうするかというと、「帰命せよとは何であるか」と考えるのです。「それはどういうことか」と考えるのです。「帰命せよ」と言うのだから「はい、帰命いたします」と言うのが、呼べば応えるということなのですが、「帰命せよ」と言われると「なんで帰命せなあかんのですか。どういうことが帰命ですか」と聞きたくなるのが私たちの頭です。ですから、「念仏もうさんとおもいたつこころ」とは具体的にどんなことなのかを、親鸞聖人は『教行信証』で六つの関係によって詳しく明らかにしてくださっているのです。
親鸞聖人の教えは「ただ念仏」という教えですが、それは、自分がそのままでいて、念仏に向こうからやって来てください、そして自分を立派な人にしてください、ということではありません。「ただ念仏」の教えとは、自分の方から求めて、私とほとけさまが出会うということです。その出会いを親鸞聖人の言葉で言うと、仏さまの「教」「行」、それに出会った私の心に念仏が起こってくることが「信」だと、こういうふうになるわけです。

毎朝のお勤めで唱える『正信偈(しょうしんげ)』は、正しくは『正信念仏偈(しょうしんねんぶつげ)』という名の歌です。『正信偈』は『教行信証』の中の一部分で、「行巻(ぎょうのまき)」の最後の方にあります。「南無阿弥陀仏」というお念仏を正しく信じて称(とな)える、それが、「正信念仏偈」の意味です。念仏を正しくいただくということは、ほとけさまの「帰命せよ」という念仏と私との出会いですよ、その出会いの念仏は三国七高僧(しちこうそう)の歴史をくぐって明らかになったのですよ、ということが書かれています。

ひっくり返った私の心

『教行信証』は、親鸞聖人自身の言葉と、経論や他の人の言葉が、それぞれある課題ごとの固まりになって順番に並んで構成されています。その中で、「信巻」の始めにある親鸞聖人自身の言葉の、最後の結論のところにこう書かれています。

たまたま浄信を獲ば、この心顛倒せず、この心虚偽ならず

（『教行信証』「信巻」、『真宗聖典』二一二頁）

「たまたま浄信を獲ば」とは、先ほどから述べているようにほとけさまと出会って、念仏申さんと思う心が起こったときにはということです。「念仏もうさんとおもいたつこころのおこるとき」と同じ意味です。「信」は私たちの日常の心とは質が異なっていますから、「浄信」はほとけさまの立場に立っています。一方「この心」は私たちの日常の心のことでしょう。出会いという一つの出来事を二つの立場から表そうとしている

のです。「信心」とはこういうことを言うのです。

念仏と出会って「浄信を獲」たならば、「この心顚倒」しないというわけですが、「この心」は、私たちの心です。「この心顚倒せず、この心虚偽ならず」、つまりほとけさまと出会った私たちの心は、顚倒しないし虚偽ではない、と書いてあります。

そうすると、私は屁理屈人間ですから、「じゃあ、ほとけさまと出会っていない普段の私たちの心は、顚倒していて虚偽ということになる。それは一体どういうことなのか」などと思ってしまいます。そこで、「顚倒」と「虚偽」という言葉についても考えてみたいと思います。

「顚倒」とは、逆転しているという意味です。逆転しているとは、上と下が反対になっているとか、右と左が反対になっているとか、ひっくり返っているということです。本来の関係が、あべこべになっているという意味です。これを、仏教語で「顚倒」と言います。そうすると、「たまたま浄信を獲ば、この心顚倒せず」ですから、私たちの普段の心はどこかひっくり返っているのだと、そういうわけです。これが「顚倒」です。

そして、「この心虚偽ならず」の「虚」と「偽」ですが、「虚」は虚ろという字で、粃のようなことを表しています。粃は、殻ばかりで中身のないお米のことです。ああいう空っぽのことを「虚」と言います。「虚」は「実」という字の反対語です。実がなったお米が「実」ですが、実がならないで殻だけの空っぽが「虚」です。虚しい、空っぽ。それから「偽」は、偽という字です。この反対語は「真」という字で、本物のことです。つまり、ほとけさまに出会った心が「虚偽ならず」と言うのなら、ほとけさまに出会っていない私たちが普段よかれと思っている心は、どこか空っぽで、どこか偽りがある、ということになります。

この言葉は、もともとは曇鸞大師の言葉です。曇鸞大師とは、『正信偈』に、

本師曇鸞梁天子　常向鸞処菩薩礼
（本師、曇鸞は梁の天子　常に鸞のところに向こうて菩薩と礼したてまつる）
（『正信偈』、『真宗聖典』二〇六頁）

と説かれている方です。

この「顚倒」と「虚偽」という言葉から私たちの普段の姿を確かめてみますと、「私たちは普段、逆転しているのではないか」と、親鸞聖人はおっしゃっているわけです。逆転しているとはどういうことかというと、私たちはしっかり正しく足で歩いているつもりでも、逆立ちして頭で歩こうとしているようなものだということでしょう。具体的に、どういうことでしょうか。

私たちが「オギャー」と生まれたとき、何かを考えて生まれてきた人はいるでしょうか。「今から生まれていくぞ」「これから出ていくぞ」などと、自分の考えによって生まれてきた人はいるでしょうか。そんな人はいないでしょう。けれども、今私たちは、自分の考えを中心に生きています。本来なかったものがいつの間にか中心になっているということは、主と従の関係が逆転しているということでしょう。最初、生まれたときには、「オギャー」という声しかありませんでした。そこには、都合がよいも悪いもなかったわけです。損も得もなかったわけです。しかし今、私たちの頭の中は、都合がよいか悪いか、損か得か、上か下か、そういうことが中心です。いつの間にかそんなふうになっています。初めからそんな考え方があったわけではないのに、いつの間にか、どこかで反対になってしまっているのです。そういうことにも気づかず、ひっくり返って本来とは違う偽りの状態のまま生きているのが、私たちの普段のありようです。

私が高校生のときの担任の先生に、変わった人がいました。あるとき、その先生から「来週までに、お金は手段なのか、目的なのかを考えてきなさい」という宿題が出たことがあります。お金が目的だ、という人はあまりいないと思います。お金は何かのための手段にすぎないと、誰だってよくわかっていそうなものですが、いつの間にかお金を儲けることが目的になってしまっていることが、ままあります。手段と目的が反対になってしまうのです。

学校の校則なんかもそうではないでしょうか。例えば「靴下は白に限る」という校則を作ったとします。もとは浮つかずしっかりと学校生活を送ってもらうために規則を作ったはずです。規則で生徒をいじめてやろうなどと思っていたはずはないと思います。

ところがルールを作った途端、それを守るか守らないかが重要になります。学校生活をしっかりと送るために作った一定のルールにすぎないのに、「この靴下は、白じゃなくて水玉があるからだめだ」などと、そのルールの文言通りに守ることそのものが重要になってしまいます。これもまた、目的と手段があべこべになっています。

私たちは、わざとあべこべのことをしているのではありません。よいことをしているつもりであべこべになっているのです。人間とは本来そういうものなのです。ですから、そのことをよく考えないと、大事ではないことに振り回されて本当のことを見失ってしまいます。

あべこべだらけの世の中に気づく

私たちは知らず知らずのうちに、物事を逆転させて受け止めています。お念仏と出会うということは、自分があべこべになっていることに気づくということです。気づいてみれば、私たちはたくさんのことをあべこべにしているということが見えてきます。

私が今一番気になっているあべこべは、「子育て」という言葉です。子どもは親が育てているのではなく、子ども自身が育つしかないのに、「子どもを育てる」と言います。「子育て」と言うと、一体誰が主体になるのでしょうか。それは、親ですね。親が子どもを育てるという意味になります。これは親中心です。子ども中心で言うと、「子育ち」でしょう。子どもが育つ、が本当の姿です。言葉のあやのように思われるかもしれませんが、微妙な言葉遣いに私たちの本音が表れているのです。

もう一つ他の例を挙げてみます。例えば、朝顔です。朝顔の種を撒(ま)いて育てます。私たちにできることは、水をやって、お日さまのよく当たるところに出してやって、蔓が横へ進んでいったら棒でも立ててここへ巻きついたらいいぞと、そんなふうにするだけです。これは育てていると言えるでしょうか。大きくなっていくのは誰の力なのでしょうか。それは朝顔自身の力です。朝顔が育っていくのを、私たちが横から応援しているのです。それが本当の姿ではないでしょうか。ですから、私が朝顔を育てている、という話ではないのです。水や光がなければ育ちませんがそれはあくまで必要な条件であって、大きくなっていくのは朝顔の力です。だから、朝顔よ育ってくれと水をあげることは決して私が育てているということではありません。

朝顔を育てて伸ばそうと思っても、引っ張ったら切れて枯れてしまいます。当たり前です。しかし、対象が変わると、「それは当たり前だ」と思えないのが、私たち人間です。引っ張って引っ張って、ぎりぎりまで引っ張るのが、子育てであるかのように思っています。そんなことをしたら、朝顔と一緒でちょん切れてしまうというのに。

昔は不便なことが多く、風呂も沸かさないといけない、ご飯も水を汲んでくることから始めないといけないと、忙しかったものです。今はいろいろ便利になり、その分余裕ができました。その上、子どもも少なくなったので、親の関心が子どもに向きやすくなったのでしょう。昔は放任の親が多かったように思いますが、今は、早く育て早く育てと引っ張るようになりました。また、思い通りにしたい気持ちが強まっている現代ですから、子どももその対象になってしまっています。ここでも、関係が逆転しています。本来、子どもが子どもの力で大きく育っていくというのと、親が子どもを育てるというのでは、主従の関係が逆になっているのです。そうして、潰れる子どもが増えています。

生活の中でお念仏に出会うとは

自分たちがしていることに、「これは反対だなあ」と気づいていくということが、「南無阿弥陀仏」の世界です。自分で自分の逆転に気づくことはできません。ほとけさまに出会うことによってはじめて気づくことができるのです。ですから、気づくということが、ほとけさまに出会い、念仏と出会っていることと同じです。

私たちの生活は、よく確かめてみないと、さまざまなことがひっくり返っています。よかれと思ってしたことが、自分の首を絞めているとか、主従関係が反対になっているとか。手段だったものが、いつの間にか目的になってしまっているとか。そういうことが、いっぱいあるような気がします。ほとけさまは、「人間は普段から逆転しているものだ。根本的なところでひっくり返っている」「自分で考えて生まれてきたわけでもないのに、今、自分の考え中心に生きているのは一体なぜだ。ひっくり返っていはしないか」と願い続けているはたらきです。常に私たちに向かって気づき出会ってほしいと願っておられます。その願いに私たちが出会い、そういうことに、一つひとつ、生活の中で気づいていくのです。つまり、自分はこれが当たり前でいいと思っているけれど、本当に当たり前なのだろうか、本当はどこかおかしくはないだろうかと、自分の「当たり前」を見直すことが、ほとけさまが教えようとしてくださっていることに出会うことに他なりません。私たちはそうと知らずに普段の生活の中でほとけさまに出会っていることもあるのです。

そんなほとけさまと私たちが出会う瞬間のことを、これまで紹介したように親鸞聖人は『教行信証』と和讃に、詳しくていねいに書いておられます。このこと一つ、つまり「顚倒」「虚偽」という言葉をたよりにして、真実の自分と出会ってくださいという思いが、親鸞聖人の「ただ念仏」「念仏もうさんとおもいたつこころのおこるとき」「この心顚倒せず、この心虚偽ならず」という言葉に現れているわけです。

三　不安は、実は宗教心だった

私の不安

私が十五歳か十六歳のときだったと思いますが、「人は死ぬものなのだ」と思う出来事に出会って、急に自分という存在の不確かさが怖ろしくなったというか、何とも言い難(がた)いような不安な感情に襲われたことがあります。

また、十数年前のことになりますが、私の父親は一晩であっという間に亡くなってしまいました。前の日まではいつものように元気で、法務も勤めていたのですが、夕方に具合が悪くなって緊急入院をすることになり、翌日の朝六時前には亡くなってしまったのです。本当に急なことでしたから、緊急入院して検査した結果も間に合わず、亡くなった三日ぐらい後に結果が出てきました。そこで言われたのは、「異常ありません」でした。父は亡くなったのに、「異常ありません」と言うのです。異常のない人が亡くなるのなら、健康診断でたくさんひっかかっている不摂生（ふせっせい）な私はどうなるのでしょう。異常がないはずの人が亡くなって、私みたいに異常のある人がこうして生きている。そのときも、人の存在や生きているということを、何とも言えないようなとても不思議なものに感じました。

この、何とも言い難い感情は一体何なのでしょうか。それを、どう受け止めたらいいのでしょうか。不安のない人なんて一人もいないと思いますが、なぜ不安なのかということはよくわかりません。普段はあまり考えないようなことですが、実は、それはすごく大事なことなのです。そういうことを、「不安は、実は宗教心だった」というテーマにして、お釈迦さまの言葉を通して一緒に考えてみたいと思います。

お釈迦さまはなぜ、何不自由ない生活を捨てて出家したのか

お釈迦さまは、今からだいたい二千五百年くらい昔のインドにお生まれになった方です。お釈迦さまと言うと、立派なありがたい方、お願い事を聞いてくださる方、と思い浮かべる人もいるかもしれませんが、それは後世の人が考えたことです。本当のお釈迦さまは、インドのシャカ族という国の王子としてお生まれになりました。「ゴータマ」という名前で、十何歳のときには皇太子の儀式もして、お父さんが亡くなれば自分が王さまになるという身分の方でした。そんな王さまになるはずの人が、その身分を捨てて出家して、仏陀になってしまったのです。

王さまというのは、国で一番偉い人です。家来がいっぱいいて、当然お金もたくさん持っていて、一番のご馳走（ちそう）を食べて、何の不自由もない身分です。普通そういう身分を、人は求めることはあっても、捨てることはなかなかないと思います。ですから、私は十八歳で大谷大学に入学して初めてお釈迦さまの話を聞いたときに、お釈迦さまって変な人だなと思いました。よくわからない人だなあ、お釈迦さまに一体何があったのだろう。

そういうことを最初に思いました。

父親が亡くなれば自分が王さまになるという身分の人が、それをやめてしまうというのは、一体なぜでしょう。私が大学に入学した昭和四十年代の終わりごろは、丁度高度経済成長期で、カラーテレビやクーラー、自動車を手にすることが幸せの目標になっていました。生活が豊かになることが人間の目標であると思われていたような時代でしたが、私の家にはなかなかそういうものが揃(そろ)いませんでしたので、お釈迦さまがされたことがよけいに不思議で、わからんなあ、わからんなあ、とずっと思っていました。私はそのころ、仏教の話を自分の関心のあるところしか聞いていなかったようで、お釈迦さまがすべてを捨てて出家された理由もわからなかったのです。

出家のきっかけ

お釈迦さまの伝記を書いたお経がありますが、そのお経を読んでいくと、お釈迦さまが出家をする、つまり王子の身分を捨ててしまうきっかけが記されています。そのきっかけを、「四門出遊（しもんしゅつゆう）」と言います。

やがてお釈迦さまになる王子、ゴータマは、カピラヴァスツ城（カピラ城）で大事に育てられていました。けれどずっとお城の中にいたら退屈になります。ゴータマは青年になったあるとき、城の外へ行きたいと思うようになります。外には花がたくさん咲いているし、鳥も鳴いているそうだから、ふと遊びに行こうと思ったのだそうです。そこで、「遊びに行きたいのですがどうですか」と王さまであるお父さんに聞いたところ、「それはとても良いことだから一度遊んできなさい」と言われて、お城の外へ遊びに行くことになったのです。本当にそういうことがあったのか、作られた話なのかどうかはわかりませんが、そのお経にはそういう場面が書かれています。

1、四門出遊——東の門——

そうして、ゴータマはお城の東の門から外へ出て遊びに行こうとしました。すると、門を出たところで、ある一人の、頭がまっ白で顔がしわしわで、体を屈（かが）ませてとぼとぼと歩いている人に出会いました。

ゴータマは、一緒にいたお付きの人に「あれは一体何ですか」と聞きました。ゴータマはそれまでそんな様子の人を見たことがなかったものですから、「あれは一体何ですか」と聞いたのです。お付きの人は、「あれは老人です」と答えました。すると、ゴータマはさらに「老人とはどういうことですか」と尋ねました。お付きの人は、「あの人も昔は若くてばりばりと元気でやっていたのですが、だんだん歳を重ねると、髪の毛は白くなり、顔にはしわができてきて、体も小さくなって、とぼとぼと歩くようになって、力も弱くなってきたのです。そういうのを老人と言うのです」と答えたといいます。

そうすると、ゴータマはまた、「それは、あの人だけのことなのか」と尋ねました。そうしたらお付きの人は、「何を言うのですか。どんな人もああなるのです。身分が高いとか低いとか、男とか女とか、お金があるとかないとか関係なく、どんな人もああなるのです」と答えました。それを聞いた途端にゴータマは、ショックを受けて遊びに行く気持ちがなくなり、城に戻ったそうです。一体何がショックだったのでしょう。

2、四門出遊――南の門――

それからしばらくしてゴータマは、東の門は嫌なことがあったので、今度は南の門から遊びに行こうとしました。すると、またある一人の人に出会いました。どういう人かと言うと、お腹がぶうっと膨らみ、熱っぽい顔でぜいぜいと息をして体を横たえている、そういう人に出会いました。東の門で出会った人はまだとぼとぼと歩いていましたが、今度の人は息も絶え絶えで、全身まっ黄色で、ようするに黄疸（おうだん）症状が出ているような人です。

ゴータマは、「あれは何ですか」と聞きました。すると「あれは病人です」と、お付きの人は答えました。東の門のときと同じようにゴータマは尋ねます。「じゃあ、病人とはどういうことですか」。お付きの人から、病人とは咳（せ）き込んだり熱が出たり、体中が痛くなったり、ご飯も食べられず、自分では歩けないから他人に歩かせてもらっている、などの詳しい説明を受けたゴータマは、また聞きます。「それは、あの人だけのことなのか」と。そうすると、お付きの人に「違います。身分などは関係なく、王さまの子どもであろうが、身分の低い者であろうが、なんであろうが、男も女も関係なく、みんな病気になるのです」と言われて、ショックを受けて帰ったというのです。

3、四門出遊——西の門——

またしばらくして、東も南も不本意でしたので、今度は西の門から遊びに行こうとしました。するとゴータマは、お葬式に出会いました。インドのお葬式は、みんなで死者を乗せた担架みたいなものを担いで、黄色の菊のような花を撒きながら、わっせわっせと進んでいきます。ゴータマはその葬列に出会ったのです。葬列のそばには、列に向かって泣き叫んでいる女の人がいました。亡くなった人の奥さんが、「どうして私を置いて、あなただけ先に逝ってしまったのよ。還ってきてっ」と叫んでいたのです。

ゴータマはまた尋ねました。「あれは一体何ですか」。お付きの人が「あれはお葬式です」と答えると、ゴータマは以前と同じように「葬式とはどういうことですか」と尋ねました。東と南の門でしたように、また尋ねるのです。「それは、あの人だけのことなのか」とも。そうして、「いえ、そうではありません」という答えを聞いて、またショックを受けて帰ってしまいます。

4、四門出遊——北の門——

東の門で老人に出会ったとき、ゴータマは二十何歳でした。南の門では病気の人に出会い、西の門ではお葬式に出会いました。老・病・死に出会い、東も南も西も具合が悪いものだから、最後にゴータマは北の門から出て行きました。そうすると、そこで、出家の修行者に出会ったのです。

「あれは何ですか」と尋ねるゴータマに、お付きの人は「あの方は、生きる道を求めて修行している人です」と答えました。ゴータマは求めていたものが見つかったので、今度は生き生きと城に戻るのですが、また、悶々（もんもん）とした日々を過ごします。自分の身分や立場を考えると、出家などできそうもないと思ったからです。そうしてある日決然として出家されたと説かれています。

この、お釈迦さまが四つの門から遊びに出かけようとしてさまざまな出会いをされる物語を、「四門出遊」と言います。お釈迦さまの伝記を説いたお経の中で、出家する直前にこんな物語が描かれています。

お釈迦さまも不安だった

お釈迦さまはなぜ、王さまにもなれる身分を捨てて、出家してしまったのでしょうか。四門出遊の物語から考えるに、私たちが避けて通れないものに、お釈迦さまは気づかれたからでしょう。身分は関係ない、お金があっても関係ない、美味しいものを食べようが、何がどうなろうが関係ない、人間の一番深い課題に出会われたからでしょう。

お釈迦さまは後に、東南西の門で出会われたものを、「老病死の苦」と言われました。このお釈迦さまの「苦」と、今の世の中で私たちが思う「苦」は、意味あいが違います。

私たちは、「人生、楽があれば苦もある」と言うように、ちょっとしんどいこともあるけれど楽しいこともあるから我慢していこうか、という感覚で「苦」を考えます。そして、なるべく苦しいことは少なくして、楽なものを大きくしていったら、それで幸せじゃないかと思います。けれども、お釈迦さまのこの「苦」はそうではないのです。楽しいことがあっても、老病死の苦というものは受け止めきれません。いくらお金があっても、美味しいものを食べても、自分自身が老い、病み、死ぬ者であるということをきちんと受け止めきれません。それが、お釈迦さまが言う「苦」です。

苦は、非常に嫌なことです。自分が老いて病んで死ぬなんて、聞きたくないでしょう。そんな自分を見つめたくはないでしょう。ですから、普通は放っておきます。けれども、放っておいても、問題が片付くわけではありません。私たちが何となく自分自身に落ち着きの悪さを感じるのは、きっとその問題を自分の中に感じているからだと思います。

美味しいものを食べても、綺麗な家を建てても、立派な車に乗っても、どこか自分の人生に落ち着きの悪さを感じるような、不安のような、そういうものを何となく感じることが、どんな人にもあります。そう感じることに、具体的な理由などないのです。それは、私たちが人として生まれたことからくる、根源的な問題です。「老病死の苦」を見つめて受け止められない限りは、お金持ちになっても、家をどんなに立派にしても、どんな立派な車に乗っても、それだけでは落ち着かないという気持ちが、どんな人にも湧いてくるのです。お釈迦さまも同じです。これが、お釈迦さまが出会われた「苦」ということです。

お釈迦さまは、老いること、病むこと、死ぬこと、そして生まれたことを、「苦」とおっしゃいました。そして、「苦」とは、頭で考えても受け止めきれないことだとおっしゃったのです。

この、お釈迦さまが出会われた「生老病死」の苦しみを、「四苦（しく）」と言います。苦しみには、ほかにも「愛別離苦（あいべつりく）、怨憎会苦（おんぞうえく）、求不得苦（ぐふとくく）、五蘊盛苦（ごうんじょうく）」という四つの苦があります。

「愛別離苦」は、愛する者と離れればなれになる苦しみです。「怨憎会苦」は、怨（うら）みや憎しみと遭（あ）わなければならない苦しみです。「求不得苦」は、求めても求めても得ることのできない苦しみです。そして最後の「五蘊盛苦」は、心と体が健やかであるがゆえの苦しみです。「五蘊」は仏教の難しい言葉ですが、「色（しき）・受（じゅ）・想（そう）・行（ぎょう）・識（しき）」の五つを言います。色は肉体を表し、受・想・行・識は心のさまざまな働きを表しています。要するに心と体ということです。

「生老病死」の四苦と、「愛別離苦、怨憎会苦、求不得苦、五蘊盛苦」の四苦を合わせて、「四苦八苦」と言います。お釈迦さまは「苦」と出会い、人間のもっとも深い問題をこのように表されました。

人間だけが受け止められない、人間らしさ

命があるもので、生老病死と関係ない生き物はいません。猫だって魚だって草だって木だって、生老病死しています。けれども、私たち人間だけが、生老病死というものを受け止めきれずにいます。例えば猫が、生老病死を受け止められなくて、「儚くて虚しくてやっていられない」とどこかに行ったりはしません。木が生老病死を受け止められずに自暴自棄になったりはしません。しかし人間はそうはいきません。私たち人間は、動物や草木のようには生きられずにいます。

私たちは、上か下か、良いか悪いか、損か得か、そういうところでしか歩むことがで

きません。金持ちになりたいとか、あいつよりも上でいたいとかが先立ち、ただただ歩むということができないのです。ただ生きる、ただ歩く、ひたすら生きる。そうすることができなくて、生老病死する自分を受け止めきれず、何となく落ち着かない、何となく不安だということになります。

このように生老病死を受け止めきれない私たちがどうしているかというと、例えば、人生の長い積み重ねでしわができた顔を、しわは汚いと言って引っ張ったりします。せっかく人生の積み重ねで、若いときとは違う立派な存在感のある顔になったのに、引っ張ったりしてしわを隠そうと、自分が生きてきた結果を否定しようとするのです。それは、若いときのつるつるした顔をよいと思って老を受け止めきれないからです。自分自身のこれまでの歩みや、今の自分を受け止めることができないのです。顔の皮膚はピンとはっているから価値があり、老いてしわができたらもう価値がないというように自分の頭の中で決めつけてしまったものですから、顔を引っ張らないといけなくなってしまうのでしょう。草や木のようにはありのままには生きられず、今の自分を受け止められず、問題を他に転嫁して勝手に思い悩んでいます。

顔のしわを引っ張ったりして、老いは自分とは関係ないのだと見ぬ振りをすることは、人間であるからこそ感じる「苦」を見ないようにしているとも言えます。それは、草や木とは違う、犬や猫や魚とは違う、私が人間であるがゆえに感じる、自分の一番深いところから出てくる大事な大事な人間らしさ、そういうものをどこかに捨ててしまうことになるのではないでしょうか。

しわを引っ張って「私は若い」と思うのではなく、しわができた顔を見ながら「なぜ私はこの顔を受け入れられないのか」と考えた方が、自分自身を大事にすることになるのではないでしょうか。ですから私は、「苦」というものは、人が人であるための一番大事な課題なのだと思っています。

このように、「生老病死」の四苦は、私たちの存在そのものの一番深いところから出てくる大切な、自分自身では受け止め難い深い心の働きです。

成り立たない人間関係

「愛別離苦、怨憎会苦、求不得苦、五蘊盛苦」の四苦は、愛する者と離ればなれになる苦しみや、怨み憎しみと出会う苦しみ、求めても手に入らない苦しみのことですから、「生老病死」の四苦のような存在そのものの苦しみというより、普段の生活での苦しみのようなものです。

「愛別離苦、怨憎会苦、求不得苦、五蘊盛苦」の四苦は、それぞれが深い関係にあります。あるストーカー事件を通して、それを考えてみたいと思います。ストーカーがなぜあんなことをするのかはなかなか理解できませんが、よく聞いてみると、愛と憎と求不得苦によるもので、身心ともに盛んであるほどその苦しみは一層激しさを増すものであるということがわかってきます。

あるストーカー事件を起こした男性は、物事を自分の思い通りにしたいという気持ちが人一倍強く、それがかなわずかわいさ余って憎さ百倍になり、そういう行動に走ったようです。この男性は、三十一歳のときに会社の同僚の女性を好きになり、年末の食事会の席で告白したけれども振られました。告白したら、振られた。これは普通にあることです。告白しても「はい」とは、なかなかうまくいきません。しかしその男性は、そのとき何を思ったかというと、「彼女の本心は違うはず」と勝手に思い込んだというのです。そこで、興信所を使い女性の親戚を探し当てて、彼女の連絡先を聞きだしたのです。女性の自宅で待ち伏せる日々、一日に二十回電話をかけ、それでも振り返らない女性に苛立ち、夜は眠れず食事をしても味を感じないほどになったようです。ただ、相手の気持ちはまったく顧みなかった。このように新聞記事には書いてあります。数か月後、男性は上司を交えて女性と話し合ったそうです。上着のポケットに包丁を忍ばせて。なぜ包丁なんかを持って行ったのかというと、「包丁を見せたら真剣さをわかってくれるんじゃないか」と思ったそうです。そんなことがあり、上司が警察に連絡し、銃刀法違反で男性は逮捕されました。男性が逮捕されてどうなったかというと、逮捕された途端に女性を強く憎むようになりました。そして、「今日はお前の命日だ」と脅迫し続けたところ、女性はとうとう会社を辞めて姿を消してしまいました。その後男性は、四か月後にまた、今度は別の人に同じストーカー行為を繰り返しています。

ストーカー事件は何が問題かというと、そこに人間関係が成り立っていないということです。このストーカーの男性は、相手の女性に嫌いだと言われても「本心は違うはず」と勝手に思い込み、逮捕された途端に今度は相手の女性を怨むようになりました。最近そんな事件が目につくようになりましたが、それはなぜでしょうか。私は、人間関係が希薄になってきて、まともな人間関係を結べなくなっている人まで出てきているところに問題があるのではないかと思っています。愛する相手に嫌われたら、好きになってもらうよう努力するというのが通常だと思いますが、そこで「彼女の本心は違うはずだ」と思うのは、自分中心の感情だけしか持っておらず、かんじんの相手との関係がなくなっています。それでそんな一方的な行動を取るのではないでしょうか。今はそんなことがしばしば起こりつつあります。

原因は単純ではないかもしれませんが、便利になって、もっともっと便利なようにと進み続け、一人で自分の都合のいいように生活していたら、どんどん自分の気持ちだけが増幅されて、相手の気持ちを顧みないようになったことが大きいのではないでしょうか。人間関係は面倒くさいものですから、それを避けるうちに、さらに関係は希薄になっていきます。現代のストーカー事件などは、そういうことの表れなのだろうと思います。

愛別離苦、怨憎会苦、求不得苦、五蘊盛苦は、それぞれが深い関係にあるのですが、先ほど紹介したストーカー事件からもわかるように、現代社会では愛も憎悪も自分の都合という一人芝居みたいになってしまっています。自分の都合で好きになって一方的にあれもこれもしたけれども、求不得苦で求めても求めても得られなくて、あれこれしたことが犯罪なって逮捕されたら、今度は急に憎悪に変わった。すべて自分の都合です。

今は豊かになって、お金さえあれば一人で暮らせるようになりました。人間は楽な方へ楽な方へと行きますから、面倒くさいものは排除して排除して、気持ちだけが一人歩きしています。ずんずんと自分の気持ちだけが一人歩きして、自分の都合による楽しさや悩み苦しみが自分の中で増幅しています。そんなことが起こっている世の中になってきたようです。この間は京都で、夫や元夫を何人も青酸で殺したという事件もありましたが、理解に苦しむような事件がどんどん起こっています。一体どこに課題があるのか、原因があるのか。私たちの常識では理解できないような事件でも、お釈迦さまの「苦」を通して考えてみると、結構整理ができるのではないでしょうか。なかなか理解できない事件が起こるような現代だからこそ、改めて今一度、お釈迦さまの言葉を通して、私たちの生き方を見つめ直す手がかりにしてみることが大事なのだと思います。

どっちつかずの気持ち

私の父親が亡くなって、去年で十七回忌をむかえました。今はもうあまり月参り（つきまいり）にも行かなくなりましたが、昔は学校に行きながら父親と一緒に月参りをしていました。そのとき、ある家の亡くなったお祖父さんの月参りに行った時のことです。子どもが何人かいる家で、子どもたちが学校に通っている間は「月参りは昼間に来てください」と言われていましたが、子どもたちが大きくなると、「もう月参りは、昼間はやめて晩にしてください」と言われました。その家のお母さんになぜかと聞くと、「私、昼間はパートに行かんといかんのです」と言います。重ねて「なぜパートに行くのですか」「お父さんの給料が減ったのですか」と聞くと、「そうじゃなくて、一人でよう居れんのです」と言うのです。その人は立派な持ち家に住んでいて、子どもも独り立ちして、お金が足りないからというわけではありませんでした。家に一人でじっとしていられず、何か気を紛らわさないといけなくて、パートの仕事に行くのだそうです。それで、月参りを昼間にするとパートの時間と重なるものだから、「月参りは、朝か晩にお願いします。パートの仕事が終わるのが十八時くらいだから、十九時くらいから来てくれませんか」と言うのです。当時は、そういうお宅が何軒かありました。

私も、時間を持て余して困ってしまうことがあります。忙しいときには忙しくて落ち着かないと文句を言っていますが、暇になったら「ああ、暇になってよかったなあ」となるかというとそうではなく、暇は暇で落ち着かなくなるのです。丁度いいのが一番いいのですが、何が丁度いいのかがわからないものですから、どちらへも行けないというような、そんな気持ちになります。

食べる物も車も、家も何もかも、生活に必要な物はもう十分あるのに、何かまだ満足できない。何か落ち着かない。そういう私たちに不満や不安を感じさせる「何か」が、お釈迦さまの「苦」という問題です。この「何か」には、明確な原因はありません。お父さんが言うことを聞いてくれないというような具体的原因のある不満ではなく、理想的なお父さんがいても、それでもどこか何か落ち着かないような不安、不満足感です。車がないという不満は車を買えば満たされますが、この何か満たされない感じというのは、車を買っても満たされません。どこかにドライブに行って、パチンコをして、楽しく過ごしてもだめです。何かを得たり、何かをすれば何とかなるというような問題ではないのです。お釈迦さまの「苦」とは、生老病死に揺り動かされる私たちの心の深い働きです。何がどんなふうになっても、何となく落ち着かない。何となく満足できない。そういう心根なのです。

そんな正体もつかめない「何となく」というものは非常に邪魔くさくて、自分の生活からは排除しておきたいと普通は思います。けれどもそれは、自分の一番大事なものを排除して見ないようにしてしまうことでもあると言いました。そうすると、何となく落ち着かない、何となく不安だということの気持ちは、一体何なのだ。お釈迦さまの言われた「苦」というのは、一体どういうことなのか。それがわからないことには、私たちはいつまでたっても安心して居れないのだと思います。

自分に囚われている「自分」に気づく

お釈迦さまも、そのために出家されました。王子の身分を捨ててまでして、それは一体何なのかと探しに行かれました。そして、仏陀になられたのです。「仏陀」とは、「目覚めた人」という意味です。「目覚めた人」とは、自分が抱えていた課題が何なのか気づいた人のことです。

お釈迦さまが出家されたとき、お釈迦さまには子どもも奥さまもおられました。大勢の国民もいました。それも全部かなぐり捨てて出家したのは、今の感覚で考えればもの凄く無責任と言えます。奥さまの名はヤショーダラと言って、いろいろなお経の中に彼女の怨み節がたくさん書いてあります。「なんで、私を捨てて出家なんてしてしまうんだ。無責任なトンデモ親父が」といったお釈迦さまへの怨み事をずらずらと書いたお経もあります。それはそうでしょう。勝手に遊びに行って不安になって、身分も家庭も全部捨てて出ていくなんて、「そんな無責任な」と誰でも思うでしょう。昔のインドだから許されるということでもないと思います。子どもの名はラーフラで、親に捨てられたわけですから、彼も「クソ親父」なんて思ったのかもしれません。お釈迦さまの出家はたんなる美談ではありません。そうした葛藤を実にきめ細かく説いたお経がありまして、それを読んでもらおうと思って現代語訳していたら泣けてきました。人間の世界のことですから、やはり愛と憎悪で複雑な思いだったと思います。しかし、やがてヤショーダラもラーフラも、お釈迦さまの弟子になっていくのです。一体何があったのでしょうか。そこには大きな転換があって、受け止められなかったものを受け止めていけるようになられたのでしょう。

お釈迦さまが気づかれた人間の一番大事な課題を考えるために、私たちがお釈迦さまと同じことをする必要はありません。お釈迦さまがされたこと、気づかれたことは一体何かと学べばいいのです。では、お釈迦さまが気づかれたのは何かというと、それは、「自分というものに深く囚(とら)われている」ということです。

私も若いころは父親と何かとよくぶつかって、喧嘩(けんか)をしました。すると父親は「お前は、儂(わし)の息子だと思って偉そうなことを言っとるかもしらんけどな、本当は隣の鉄橋で拾ってきたんだ」とよく言われました。そう言われると、もう反論できません。本当に隣の鉄橋で拾われたのかもしれないし、自分のことですがわからないのです。そうすると、自分の根拠がぐらぐらして、父親に反抗する気持ちがなくなってしまう。それぐらい、自分が当たり前にしていることが揺らいでしまうわけです。

私たちは自分というものをわかったつもりでいますが、生まれたときのこともわかるかといえば、そうではありません。わからないことに出会うと、不安になります。これは、お釈迦さまが言うように、わかることを前提にしているから、わからず不安になるのです。今日という日は、これまでのはかりしれない長い時間の中で成り立っています。自分では「私」はこうだと考えていても、本当ははかりしれないものの中で「私」が成り立っています。お釈迦さまは、そんなわからないことを、わかったつもりの自分の小さな頭で考えているので、それはどうしても不安になりますよと、おっしゃったのです。人間は、考えて生まれてきたわけではないのに考え中心で生きているぞ。それは逆さまではないのか。草や木のようにただ生きるというふうにならずに、損だ得だと頭で計算していることこそが不安の原因だぞと、こうおっしゃっているのです。

私の父が亡くなったときのことですが、担当された医者が大パニックになられました。親が死んで泣きたいのはこちらの方なのに泣いている場合ではありませんでした。三十歳くらいの女性の先生で、父に処置をして家に帰って、翌日病院に出勤したら父はもう亡くなっていたのです。それで、「なぜ心臓が止まったのかわからないのです、わからないのです」と、私に向かってわんわんと泣かれたのです。泣きたいのは私の方なのに、先生に先に泣かれてしまったものですから、もう「先生、わかりました、わかりました」と言うしかないですよね。とはいえ、「わかりました」とは言いましたが、本当はなぜ父の心臓が止まったのかなんて、私にもわかりません。それはそうです。私の心臓がなぜ動いているのかもわからないのですから。

心臓が動いているから、生きて考えて「私が」などと言っているわけです。なぜ心臓が止まったのか、なぜ心臓が動いているのかを考えるのが「私」というものですが、主従関係が逆になっています。そういうことをお釈迦さまは、「人間というものは、自分というものに深く囚われているのだ」「自分という考えに深く囚われているのだ」「そこを見つめ直しなさい」と、おっしゃったのです。

「不安」の本当の意味

明治時代に、清沢満之（きよざわまんし）という偉大な宗教者がいました。尾張（おわり）で生まれて、大谷大学の最初の学長になるなどをして、最後は愛知県碧南市（へきなんし）の西方寺（さいほうじ）で副住職をされ、若くして亡くなりました。日本は、明治維新によって、ずいぶん人々の考え方が変わりました。

仏教なんて古臭いからこんなものは捨ててしまえという、廃仏毀釈（はいぶつきしゃく）が行われたのもそのときです。そういう時代の中で、仏教の大事さをもう一度見つめ直した人です。ですから、日本の宗教界の大恩人のような人です。

清沢満之は、お釈迦さまの悟りをわかりたいと、お釈迦さまと同じことをしようと、断食をしたりしました。しかし体が衰弱して結核になってしまい、それが原因で亡くなってしまいます。その清沢満之の言葉を手がかりに、お釈迦さまのおっしゃることを考えてみたいと思います。

吾人一般修養の主眼（中略）パンの為、職責の為、人道の為、国家の為、富国強兵の為に、功名栄華の為に宗教はあるにはあらざるなり。人心の至奥より出づる、至盛の要求の為に、宗教あるなり。宗教を求むべし、宗教は求むる所なし。夫れ、此の如きが故に、修養は自覚自得を本とす。他人の之を、代覚代得すべきにあらず。（栄養も亦た然り。）

（「御進講覚書」、『清沢満之全集　第七巻　仏教の革新』岩波書店、二〇〇三年、一八八頁）

『御進講覚書（ごしんこうおぼえがき）』という清沢満之のメモのような文章の中に、このような言葉がありま す。この時代は、「宗教」という言葉がようやく使われ始めたころでした。今は「宗教」という言葉にいろいろな尾ひれがついて、あんまり宗教には近づかない方がいいぞと言われたりしていますが、「宗教」という言葉はこのころ初めてできたのです。その「宗教」とは本来どういうものか説明しています。

「吾人」は「我々」という意味です。「パンの為、職責の為、人道の為」、そして、明治時代ですから「国家の為、富国強兵の為、功名栄華の為」に、「宗教」があるのではないとしています。「パン」とは、食べる物です。「職責」は、仕事。「人道」は、人としての約束のような意味です。それから、「国家」「富国強兵」「功名栄華」は、お釈迦さまになぞらえて言えば、王子ひいては王さまというような身分になることで最終的に満たされるようなことと言えるでしょう。要するにここには、生きるため、生活のための条件というようなものが並べ書いてあります。そして、「宗教」はそういうことのためではないと言うわけです。

「人心の至奥より出づる、至盛の要求」は、「宗教」についての説明の中で、私が特に大事だと思っている一文です。明治時代の言葉ですので少し難しいのですが、人の心の一番深いところから湧き上がってくる、決して止まないような一番強い要求のことです。そういうことのために宗教があるのだとして、「宗教」という言葉を説明しています。

私たちの心の一番深いところからくる決して止まない一番盛んな要求というのは、どんな要求でしょうか。昨日も今日も明日も、たまたま忘れているときはあっても必ずふと湧き上がってくるような、そういう心の深いところからやってくるもの。それは、これまでの話の中での何となく落ち着かないとか、何となく安心できないとか、何となく満たされないとか、そういった「何となく」というものではないでしょうか。これが、この一番深いところからやってくる一番盛んな心の働きのことだと、私は思うのです。

それを、清沢満之は「宗教を求めているのだ」と言っているのです。現代の感覚ではピンとこないかもしれません。「宗教を求める」というのは、美味しいものを食べても、車を手に入れても、有名になっても、国会議員になっても満足できないような要求のことです。「パン」や「職責」、「人道」や「国家」だとかいうものを求めることとは違うわけです。私が私であるということの中から湧き上がってくるような深い要求のことです。それをこの時代の人は、「宗教を求める」と呼んだのです。つまり、清沢満之の言葉から考えると、私たちの不安というものこそが、「宗教心」ということになるのではないでしょうか。現代人はよく、「私には宗教心なんてありません」と言いますが、決してなくならない私たちの不安や不満とか、落ち着かなさというものこそが、車や美味しいご馳走では埋まらない、「宗教心」と呼ばれる深い要求なのです。

誰にでもある「浄土を求める心」

清沢満之の言う「宗教心」は、親鸞聖人の言葉に戻すと、「浄土を願う心」に他なりません。この世のものでは埋まらないような、全然違う位層のものを求める、そういう心の働きなのです。「私たちの自我の心によって成り立っているこの世」のことを仏教の言葉で言うと、「穢土（えど）」となります。それに対して、仏さまの世界が「浄土」です。何をもってしても埋まらない自我の要求とは、自我の拠り所（よりどころ）を求めていることを意味しているのです。その自我の拠り所を親鸞聖人は「浄土」と表しているのです。

この世の名誉とか衣食住とか、そういうものでは埋まらない深い心の働きを私たちは持っています。それを私たちは「不安」と受け取っていますが、それは清沢満之の言うところの「宗教心」であり、親鸞聖人の言うところの「浄土を求めている心」だと言えます。そうすると、私たちのこの不安は、決して邪魔なものではなく、いらないものでもなく、私たちが人間であることの証拠のようなものに他ならないのです。私たちがついつい見ない振りをしてしまうのは、「不安」の本当の意味を知らないからだということになります。

私たちは、不安は邪魔なものだと、どうしても思ってしまいます。けれども、そうではないのです。お釈迦さまは、私たちの不安を、実は本当に大切なものに気づいていく入り口なのだ、それは、浄土を願っている、そういう心なのだと説かれています。

私は、そう聞いてもずっとそうは思えませんでしたが、最近少し、「ああ、そうなんだなあ」と感じられるようになりました。これまでずっと、何か落ち着かない気持ちでいましたが、「私はここで生きていくんだな」「こうやって生きていくんだな」「これでいいんだな」と、自分のことが整理できたというか、自分を受け止め直すというか、少し自分に落ち着くことができたように思います。これまで、父親にもずいぶん逆らったり、怨憎会苦や愛別離苦もいろいろ経験してきましたが、そういうことを通して、お釈迦さまの言葉にほんの少しだけですが、うなずけるようにならせてもらえたかなと思っています。

私たちは、自分に心があるということはわかりますが、その心が本当は何なのかということは、教えてもらわないとわかりません。ですから、原因のない不満や不安を感じても排除しようとしたり、安易に解決しようとしたりせずに、日々の生活の中で本当に大事なものに出会うための窓口として、とても大事なものとして向き合っていただきたいと思います。

あとがき

ここに収めた三篇は、

一、仏教公開セミナー「今、幸せについて考える」（二〇一四年九月六日、滋賀県東近江市アル・プラザ八日市四階アピアホール、大谷大学同窓会湖東支部とＮＰＯ法人尋源舎の共催）

二、滋賀県東近江市上宮寺春季永代経法話「生活の中で念仏に出あう」（二〇一五年三月二九日）

三、愛知県豊田市浄願寺同朋婦人会追弔会法話「「不安」は実は宗教心」（二〇一四年一二月七日）

を整理したものである。それぞれの講演・法話は決して統一的なテーマを意図したものではなかったが、それを法藏館の満田みすずさんが上手に編集して一冊にしてくださったのである。

『維摩経』という大乗経典に、「高原の陸地には蓮華を生ぜず、卑湿の淤泥に乃ち此の華を生ず」という喩えがある。煩悩にまみれた日常生活の中にこそ仏法の花が開くのだ、という意味である。私は、大学で仏教を少し学んだころ、「どうやったら仏教を日常生活に活かすことができるのか」と考えていた。それで機会あるごとに自分が学んだことをできるだけ優しい言葉で話そうと努力していたが、結局は「それはよかったですね」という反応以上のものに出会うことはなかった。大学の教室では、学生からあからさまな拒否の反応を受けることも多かった。そんなある時、先輩の先生から「仏教の生活化と生活の仏教化は同じか違うか？」という問いを受けた。私はそのとき、その先生の言いたいことがよくわからなかったが、先生は「前者はほとけさんの仕事、後者は人間の仕事」だと言われた。

今では、先の『維摩経』の喩えは、まさしく生活の仏教化を意味していると思っている。私たちの原点はまさに生活である。それがそのまま立ち枯れて行くのか、そこに元気がわくような大事なものが見つかるのか、そのこと以外に何も無いように思う。私が育った三河のご老人たちは、「くってひってねるぎん」とよく言っていた。人生は「食べて出して寝るだけだ」という意味である。若いころは、あまり尊敬できない生き方のように思っていたが、今思えばそれは、念仏の教えをよく聞いた人生の達人の言葉だったのだ。

仏教の学びは外国語を学ぶことに似ていると思う。私たちは日常語で生活しているが、仏教語は古典語であって生活語ではない。その間を通訳するのが学ぶことであるというのが私の発想である。「暮らしの中に仏教を見つける」という書名は、そうした私の発想を表すものである。

二〇一七年三月

織田顕祐

織田顕祐（おだ　あきひろ）

1954年、愛知県生まれ。1977年、大谷大学文学部仏教学科卒業、1985年、同大学大学院文学研究科博士後期課程満期退学。博士（文学）。現在、大谷大学文学部仏教学科教授。専門は、仏教学（特に東アジア仏教の思想史的研究）。著書に『華厳教学成立論』（法藏館）、『大般涅槃経序説』（東本願寺出版部）、『ブッダと親鸞――教えに生きる――』（共著、東本願寺出版部）、『初期華厳思想史』（韓国語、韓国：仏教時代社、2007年）などの他、論文多数。

暮らしの中に仏教を見つける

二〇一七年四月二〇日　初版第一刷発行

著　者　織田顕祐
発行者　西村明高
発行所　株式会社　法藏館
京都市下京区正面通烏丸東入
郵便番号　六〇〇-八一五三
電話　〇七五-三四三-〇〇三〇（編集）
〇七五-三四三-五六五六（営業）

装幀者　田中　聡
イラスト　一色美奈保
印刷　立生株式会社　製本　清水製本所

ISBN 978-4-8318-8741-2 C0015